LES
SPORTS

Collection conçue et réalisée par DK Direct Ltd.
CONSULTANT : S. Greenberg.
ÉDITION : S. Leonard, S. Phillips, J. Reed.
DIRECTION ARTISTIQUE : A. Carroll, R. Shane, E. Day.

Adaptation : E. de Galbert
Conseils scientifiques : G. Raillart, *journaliste*
Coordination éditoriale : V. Herbold
Fabrication : M. Delbeken
Réalisation : FNG/Pierre Taillemite

N° d'éditeur : 18156
Imprimé et relié en Italie
ISBN 2-03-611 012-6
ISSN 1242-7535
Dépôt légal : février 1995
611 012 - février 1995

LES
SPORTS

LAROUSSE

Sommaire

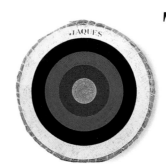

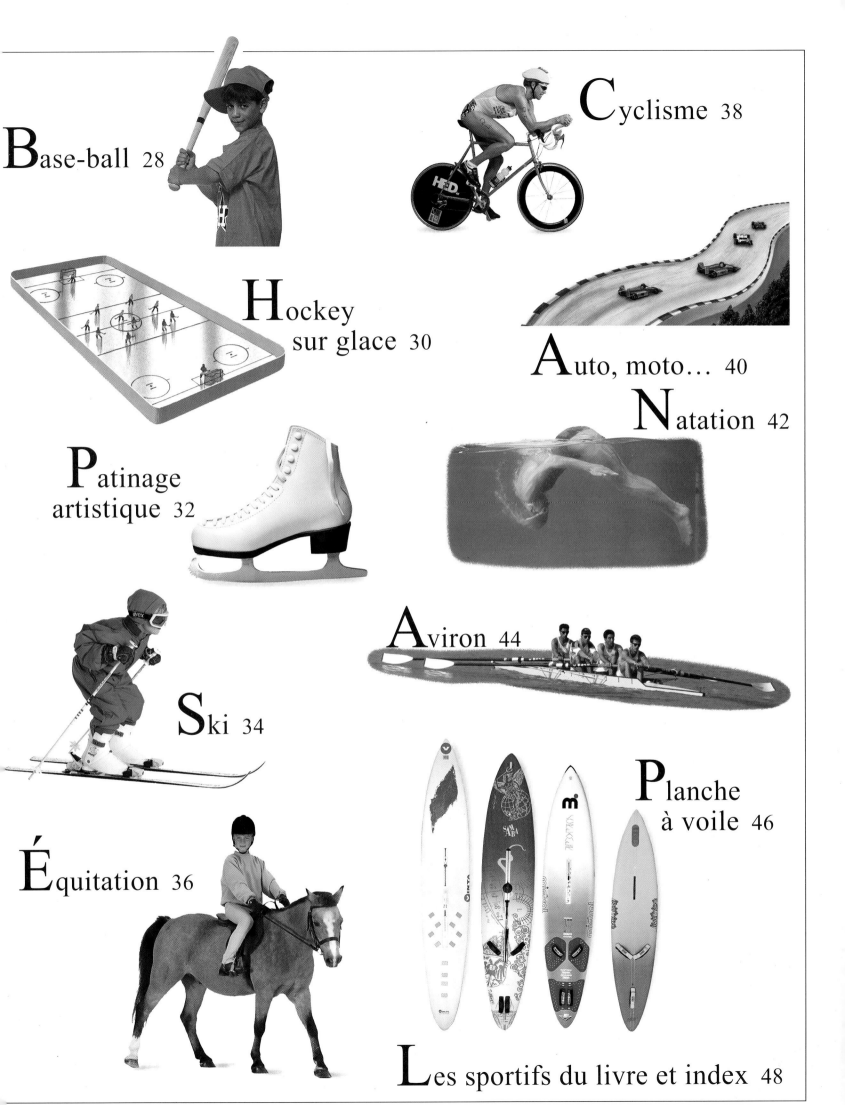

Jeux Olympiques

« Plus vite, plus haut, plus fort » : telle est la devise des jeux Olympiques, la plus importante manifestation sportive du monde. Organisés tous les quatre ans, ils sont divisés en Jeux d'hiver et Jeux d'été, et rassemblent les meilleurs athlètes de tous les pays. Une trentaine de sports y sont représentés. Cette manifestation qui, en 1996, aura lieu à Atlanta, aux États-Unis, est l'occasion pour les athlètes d'améliorer leurs performances et de battre bien des records.

Flamme olympique
La flamme olympique est allumée à Olympie, en Grèce. Portée par des relayeurs jusqu'au stade olympique, elle y brûle pendant toute la durée des Jeux.

Couronne

William Tanui (Kenya)

Médaille

Les médailles
Lors des premiers Jeux organisés à Olympie, en Grèce, il y a presque 3 000 ans, les vainqueurs recevaient une couronne d'olivier. Aujourd'hui, les vainqueurs reçoivent une médaille d'or, les seconds une médaille d'argent et les troisièmes une médaille de bronze.

Mark Todd (Nouvelle-Zélande)

Les disciplines olympiques
Aujourd'hui, une trentaine de sports sont représentés aux jeux Olympiques. Ce nombre a souvent varié. Certains sports ont été exclus, comme le polo, le rugby ou le cricket (photo), lequel n'est apparu qu'une seule fois, aux Jeux de Paris, en 1900.

De nouvelles disciplines

De nouvelles disciplines sont parfois ajoutées aux jeux Olympiques. La planche à voile fit son apparition en 1984. Le base-ball et le badminton ont été introduits aux Jeux de Barcelone, en 1992.

Jeux Paralympiques

Le sport est pratiqué aussi par des personnes handicapées. Les premiers jeux Olympiques pour handicapés, ou jeux Paralympiques, ont été organisés en 1960 à Rome, en Italie. Dans toute la mesure du possible, ils ont lieu dans la même ville que les jeux Olympiques.

Mingxia Fu (Chine)

Steffi Graf (Allemagne)

Carl Lewis (États-Unis)

Les Jeux d'hiver

Les premiers jeux Olympiques modernes eurent lieu à Athènes, en Grèce, en 1896. Les premiers jeux Olympiques d'hiver se déroulèrent à Chamonix, en France, en 1924. Depuis 1994, ils sont décalés de deux ans par rapport aux jeux Olympiques d'été.

Anneaux olympiques

Les anneaux olympiques enlacés symbolisent l'union des cinq continents participant aux jeux Olympiques. Le drapeau de chaque pays participant comporte au moins l'une des cinq couleurs figurant sur les anneaux.

Course à pied

La course à pied est un sport qui peut se pratiquer longtemps, à condition d'être en bonne forme physique. Les athlètes de haut niveau s'entraînent tous les jours pour améliorer leurs performances. Les courses sur le plat, les courses d'obstacles et les relais sont autant d'épreuves qui requièrent des qualités physiques différentes.

Les coureurs du 100 mètres, par exemple, doivent courir très vite sur une très courte distance (sprint), tandis que les marathoniens doivent être capables de courir plusieurs heures de suite à une vitesse modérée, mais constante.

Marathon

Les athlètes disputant le marathon doivent parcourir 42,195 kilomètres. Cette discipline sportive est apparue pour la première fois aux jeux Olympiques de 1908, à Londres. Aujourd'hui, les meilleurs courent le marathon en un peu plus de 2 heures.

Un record historique

Le 6 mai 1954, Roger Bannister fut le premier athlète à courir un mile, soit 1 609 mètres, en moins de 4 minutes.

Départ des 200, 3 000 et 5 000 mètres

Souvent, les coureurs de fond se détachent du peloton, mais ils doivent veiller à garder leur avance et à ne pas se faire rattraper au dernier moment.

Chaque coureur se voit attribuer un couloir. Il ne doit pas s'en écarter pendant toute la durée de la course. Le départ est donné par le starter.

Départ du 110 mètres haies

Départ du 100 mètres et du 100 mètres haies

Pour les épreuves du 100 mètres, du 200 mètres et du 400 mèt les coureurs prennent le départ dans des starting-blocks.

Les principales courses de relais
sont le 4 × 100 mètres
et le 4 × 400 mètres. Chaque
équipe comporte quatre coureurs.
Les relayeurs d'une même équipe
se transmettent un bâton
cylindrique appelé témoin. C'est
le quatrième et dernier
relayeur qui franchit la
ligne d'arrivée.

3 000 mètres steeple

Le 3 000 mètres steeple est une course
d'obstacles. À chaque tour de piste, les coureurs
doivent enjamber quatre barrières en bois
et franchir une « rivière » située derrière
l'une des barrières.

La piste

Une piste d'athlétisme mesure 400 mètres
et comporte huit couloirs. Les courses
s'effectuent dans le sens contraire
des aiguilles d'une montre. Les pistes
modernes sont construites avec des
matériaux synthétiques.

Les coureurs portent
des chaussures
à pointes qui les
empêchent de glisser
sur la piste.

Départ du
1 500 mètres

Les coureurs
du 100 mètres, telle la
Jamaïcaine Merlene
Ottey, sont les athlètes
les plus rapides
du monde. Les grands
sprinters dépassent
les 40 km/h.

Dans le 110 mètres haies (100 mètres haies
pour les femmes) et le 400 mètres haies, les
coureurs doivent enjamber 10 haies. Dans
le 400 mètres, les haies sont plus basses
et peuvent être renversées, à l'inverse
des barrières du 3 000 mètres steeple.

Départ des relais,
du 400 mètres haies,
du 400, du 800 et
du 10 000 mètres.
Ligne d'arrivée de toutes
les épreuves.

Décathlon

Le décathlon est une discipline très éprouvante qui regroupe dix épreuves d'athlétisme différentes : quatre courses, trois sauts et trois lancers. Certaines de ces épreuves existaient déjà, il y a 3 000 ans, lors des premiers jeux Olympiques. Les athlètes qui disputent le décathlon doivent être très complets, c'est-à-dire excellents dans chacune des disciplines. Un certain nombre de points sont attribués pour chaque épreuve. Le vainqueur est celui qui totalise le plus grand nombre de points à l'issue des dix épreuves.

Les épreuves
Le décathlon comporte dix épreuves disputées sur deux jours.

 100 mètres

Saut en longueur

Lancer du poids

 Saut en hauteur

 400 mètres

 110 mètres haies

 Disque

 Saut à la perche

 Javelot

1 500 mètres

Disque et javelot
Le disque et le javelot sont deux disciplines très anciennes, déjà présentes lors des jeux Olympiques antiques. À cette époque, le sport était un moyen de s'entraîner au combat. Le javelot était une sorte de lance et le disque, un petit bouclier.

Un javelot pèse 800 grammes et mesure entre 2,60 et 2,70 mètres de long.

Un disque pèse 2 kilos.

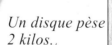

Lancer du poids
Le poids lancé par les hommes pèse plus de 7 kilos, soit l'équivalent de ce panier de pommes de terre. Les poids, lancés par les femmes sont plus légers que ceux lancés par les hommes : ils pèsent 4 kilos.

Un poids pèse 7,26 kilos.

Heptathlon

L'heptathlon est l'équivalent féminin du décathlon. Il ne comporte que sept épreuves étalées sur deux jours : 100 mètres haies, saut en hauteur, lancer du poids, 200 mètres, saut en longueur, javelot et 800 mètres.

Saut à la perche

Le saut à la perche se pratique avec une perche en fibre de verre, de 5 mètres de long. Les grands champions, tel l'Ukrainien Sergeï Bubka, franchissent plus de 6 mètres.

Le perchiste décolle du sol tout en tenant fermement la perche qui se plie.

L'extrémité de la perche est souvent recouverte d'une bande. Celle-ci permet à l'athlète d'avoir une meilleure prise.

Le perchiste plante la perche dans un butoir, qui est une sorte de boîte métallique enfoncée dans le sol au pied du tapis de réception.

Le perchiste prend son élan, en tenant la perche à la verticale. Lorsqu'il s'approche du sautoir, il abaisse l'extrémité de la perche vers le sol.

Pour régler la barre à la hauteur désirée, il suffit de déplacer les taquets sur lesquels elle repose.

La perche se détend et agit comme une catapulte. Le perchiste, projeté en l'air, se retourne et passe les jambes puis le buste par-dessus la barre.

Le tapis de réception est rembourré avec de la mousse.

Gymnastique

Comme l'athlétisme, la gymnastique regroupe un certain nombre d'épreuves, ou exercices. Ceux-ci s'effectuent, soit au sol soit à l'aide d'appareils, ou agrès. Les meilleurs gymnastes s'entraînent énormément. Pour marquer des points, ils doivent être capables d'enchaîner avec grâce et souplesse de multiples figures, souvent spectaculaires, à la poutre, aux anneaux ou aux barres parallèles.

Les gymnastes évoluent sur la poutre pendant 70 à 90 secondes. Le jury leur attribue une note qui prend en compte la difficulté et la qualité des enchaînements.

La position du corps ainsi que les mouvements des bras et des jambes sont soigneusement étudiés.

Les gymnastes se talquent les mains pour éviter de glisser sur la poutre.

Gymnastique rythmique et sportive (G.R.S.)
La gymnastique rythmique et sportive, réservée aux femmes, fut introduite aux jeux Olympiques de Los Angeles, aux États-Unis, en 1984. Accompagnées par de la musique, les gymnastes exécutent différentes figures avec des ballons, des cerceaux, des cordes, des rubans, etc. Ces derniers qui mesurent 6 mètres de long sont très difficiles à manier.

La poutre est un agrès féminin qui mesure 5 mètres de long et seulement 10 centimètres de large. Elle est située à 1,20 mètre du sol.

Exercices au sol
Les gymnastes qui évoluent sur un tapis de 12 mètres de côté enchaînent diverses figures (flip-flap, salto, etc.)étonnantes.

Pour exécuter une telle figure sur une poutre de 10 centimètres de large, il faut un grand sens de l'équilibre. La moindre hésitation, et c'est la chute.

Des gymnastes très jeunes

Plus on est jeune, plus on est souple. De nombreux gymnastes de haut niveau ont moins de 15 ans, telle la française Élodie Lussac, championne de France en 1993 à l'âge de 14 ans.

Barres asymétriques

C'est un agrès féminin composé de deux barres situées à 1,55 mètres et 2,35 mètres du sol. Les gymnastes doivent enchaîner diverses figures en passant d'une barre à l'autre.

Anneaux

C'est un agrès masculin qui nécessite beaucoup de force, l'athlète devant exécuter des figures sans faire bouger les cordes. Les anneaux sont à 2,50 mètres du sol.

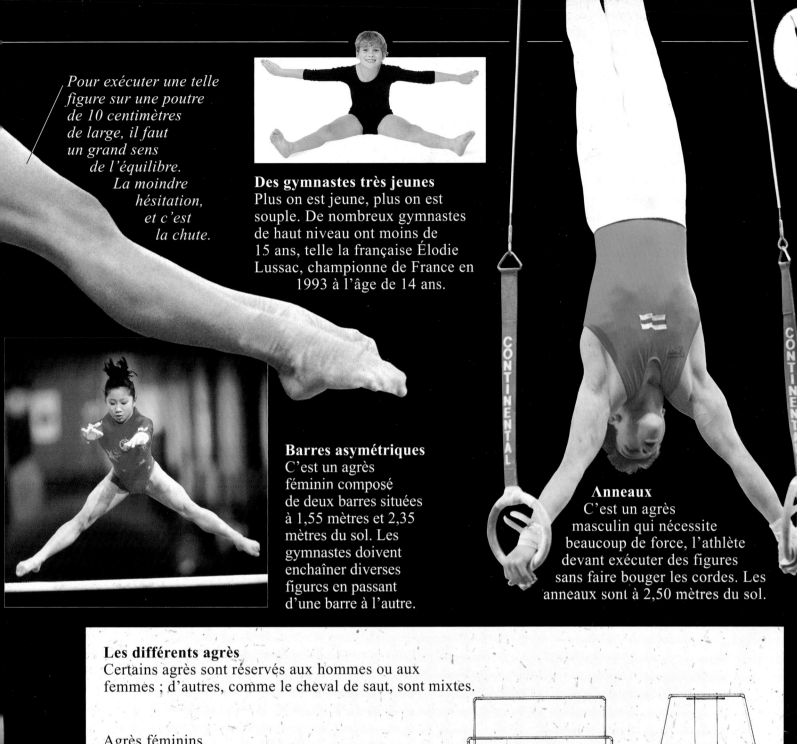

Les différents agrès

Certains agrès sont réservés aux hommes ou aux femmes ; d'autres, comme le cheval de saut, sont mixtes.

Agrès féminins

Cheval de saut   Poutre   Barres asymétriques

Agrès masculins

Barres parallèles   Cheval de saut   Barre fixe   Cheval-d'arçons   Anneaux

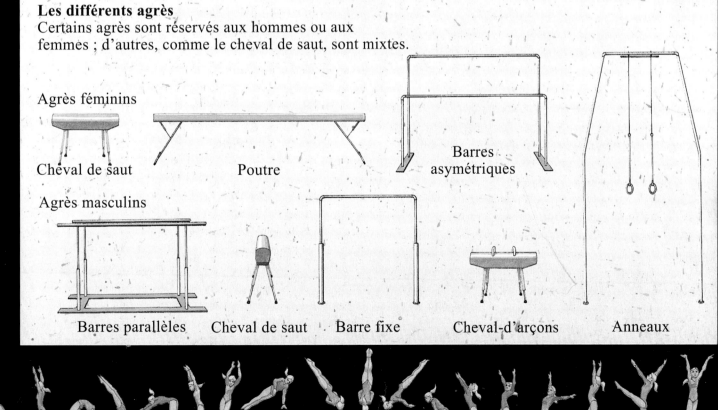

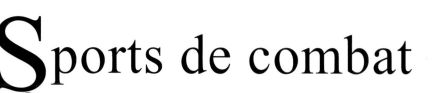

Sports de combat

Certains sports de combat, tels que la lutte ou le karaté, se pratiquent à mains nues. D'autres se pratiquent avec des armes, comme l'escrime, ou avec des gants, comme la boxe. Tous ces sports sont réglementés pour éviter que les athlètes ne se blessent gravement. Certains d'entre eux, comme le judo, le karaté ou le sumo, font partie de ce que l'on appelle les arts martiaux. Originaires d'Extrême-Orient, ceux-ci sont fondés sur le code moral des samouraïs et apprennent aux combattants à se défendre et à se maîtriser.

Sumo

Le sumo est un sport de lutte qui est pratiqué au Japon et consiste à projeter l'adversaire hors du cercle de combat. Le combat lui-même est précédé d'un rituel très élaboré. Au Japon, les lutteurs, ou sumotoris, sont traités comme de véritables stars. Ils mangent beaucoup, notamment du chanko-nabe, sorte de bouillie très riche en protéines, et pèsent souvent plus de 150 kilos. Le Hawaïen Konishiki pèse 225 kilos, soit le poids de neuf fillettes.

Chaque combattant, ou judoka, essaie de déséquilibrer son adversaire et de le faire tomber par terre.

Judo

Le judo est un sport de combat originaire du Japon. Le combat, qui dure 5 minutes au maximum, est dirigé par un arbitre et deux juges. Il consiste à projeter l'adversaire au sol et à l'immobiliser grâce à un certain nombre de techniques, ou prises.

Le combat se déroule sur un épais tapis carré, appelé tatami, constitué à l'origine de nattes en paille de riz tressée. Les débutants commencent par apprendre à tomber sur le tapis sans se faire mal.

Ceintures

La couleur de la ceinture que porte le judoka indique son grade. La progression est la suivante : blanche, jaune, orange, verte, bleue, marron et noire. La ceinture noire comporte dix degrés, ou dans, différents. Les 6e, 7e et 8e dans portent une ceinture blanc et rouge ; les 9e et 10e, une ceinture rouge.

Escrime

L'escrime se pratique avec trois armes différentes : l'épée, le sabre et le fleuret. Le combat se déroule sur une piste et consiste à toucher l'adversaire sur certaines parties du corps, variant selon les armes. Pour se protéger, les escrimeurs portent un masque et un plastron.

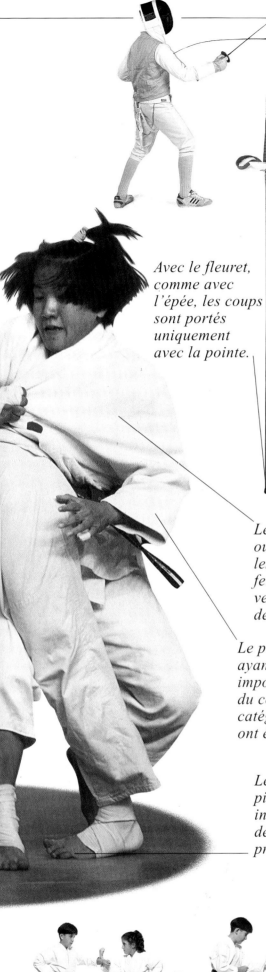

Avec le fleuret, comme avec l'épée, les coups sont portés uniquement avec la pointe.

Cerfs-volants

Originaire d'Asie, c'est l'un des sports de combat les moins dangereux. Chaque combattant essaie de rompre le premier la ligne de retenue du cerf-volant adverse en frottant sa ligne contre celle de l'adversaire. L'idéal est de lever la ligne adverse en plaçant sa propre ligne en-dessous. Les lignes sont souvent enduites de poudre de verre.

Le costume de combat, ou judogi, que portent les hommes comme les femmes, est composé d'une veste et d'un pantalon de toile très solide.

Le poids des judokas ayant un effet important sur l'issue du combat, sept catégories de poids ont été établies.

Les judokas combattent pieds nus. Il leur est interdit de donner des coups et certaines prises sont défendues.

Boxe

Les combats de boxe, qui sont divisés en reprises, ou rounds, se déroulent sur un ring, le but étant de mettre l'adversaire K.-O. (knock-out). Le célèbre boxeur américain Muhammad Ali domina la boxe mondiale de 1964 à 1978.

Karaté

Le but du karaté est de mettre l'adversaire hors de combat en un minimum de temps, en donnant des coups avec les pieds et les poings.

Tir à l'arc

Stabilisate

Le tir à l'arc est une discipline olympique qui nécessite une très grande adresse. Les arcs modernes n'ont plus grand chose à voir avec les arcs traditionnels, utilisés comme armes de chasse et de guerre. Les grands archers, tel le Français Sébastien Flute, médaillé d'or aux jeux Olympiques de Barcelone en 1992, utilisent des arcs très sophistiqués, en bois et fibres de verre, qui sont équipés d'un viseur et de stabilisateurs. Le tir se pratique également avec des armes à feu : pistolet, carabine, fusil de chasse... On l'appelle alors tir sportif.

Une flèche se compose de trois parties : la pointe, le fût, qui se termine par une encoche, et l'empennage, formé de plumes.

Tir en campagne

Dans le tir en campagne, les archers doivent effectuer un parcours de plusieurs kilomètres en tirant sur des cibles de taille différente. Les archers ne savent pas toujours à quelle distance de la cible ils se trouvent. Lorsqu'ils pratiquent le tir d'instinct, ils utilisent un arc nu, sans viseur ni stabilisateurs.

Stabilisateur

Les archers portent leurs flèches dans un carquois accroché à leur ceinture.

Arc nu (tir d'instinct)

Plus l'arc est petit, plu la flèche va vite, mais plus l'arc est grand, plus il se manie facilement.

Tir olympique

Dans le tir olympique, les cibles se trouvent à 30, 50, 70 et 90 mètres pour les hommes, et à 30, 50, 60 et 70 mètres pour les femmes.

Certains arcs sont équipés de viseurs qui augmentent la précision du tir.

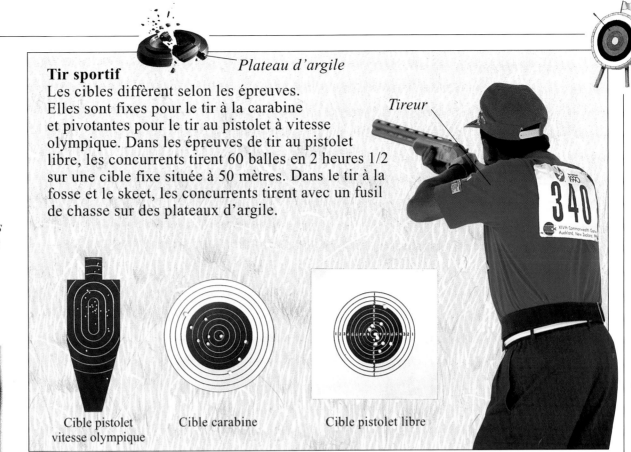

Tir sportif

Les cibles diffèrent selon les épreuves. Elles sont fixes pour le tir à la carabine et pivotantes pour le tir au pistolet à vitesse olympique. Dans les épreuves de tir au pistolet libre, les concurrents tirent 60 balles en 2 heures 1/2 sur une cible fixe située à 50 mètres. Dans le tir à la fosse et le skeet, les concurrents tirent avec un fusil de chasse sur des plateaux d'argile.

Plateau d'argile

Tireur

Cible pistolet vitesse olympique

Cible carabine

Cible pistolet libre

Les stabilisateurs fixés sur l'arc absorbent les vibrations tout en stabilisant l'arc.

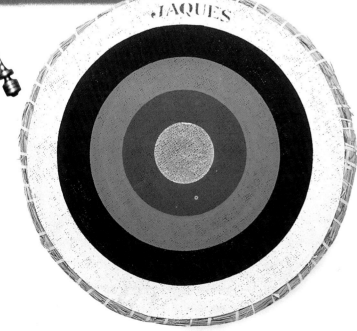

JAQUES

Les cibles

Les cibles, ou blasons, sont faites de cordes en paille qui sont cousues ensemble. Des cercles concentriques en carton ou en toile de couleur sont fixés sur les cibles. Plus la flèche arrive près du centre, plus le nombre de points obtenus est élevé.

Fléchettes

Les joueurs doivent lancer des fléchettes sur une cible ronde divisée en plusieurs segments triangulaires numérotés. Le but du jeu est de descendre de 301, 501 ou 1 001 à zéro. Pour jouer, il faut être à la fois adroit et bon en calcul !

L'extrémité des fléchettes étant pointue, les joueurs doivent être très prudents.

Golf

Dans certains sports, comme le bowling ou la pétanque, il faut lancer ou faire rouler des boules. Le golf consiste à faire entrer la balle dans un trou en la frappant avec un club et en faisant le moins de coups possible. Le parcours comporte généralement 18 trous et est entrecoupé d'obstacles divers : arbres, rivières ou fosses remplies de sable appelées bunkers.

Le billard se joue avec des boules de couleurs que les joueurs poussent avec un long bâton arrondi, appelé queue de billard.

Pour frapper la balle, le joueur exécute un ample mouvement de balancement, appelé swing.

Les fers, numérotés de 1 à 9 selon leur angle d'ouverture, ont une tête en acier.

Les golfeurs portent des chaussures à clous pour éviter de glisser sur l'herbe lorsqu'ils frappent la balle.

Jeu de quilles et jeux de boules

Le terrain du jeu de boules mesure 27,50 mètres de long. Chaque équipe, en prenant son élan, doit placer ses boules le plus près possible du cochonnet. À la pétanque, le cochonnet est situé entre 6 et 10 mètres de la ligne de lancement. Il est interdit de prendre de l'élan. Certains jeux de boules anglais se déroulent sur du gazon. Le bowling consiste à renverser des quilles en faisant rouler des boules sur une piste.

Cochonnet

La pétanque se joue avec des boules métalliques.

Le bowling se pratique sur une piste en bois.

Certains jeux de boules anglais se pratiquent sur du gazon.

Quille

Brunswick
GRM2688
Black Beauty

Cochonnet

Sur le parcours

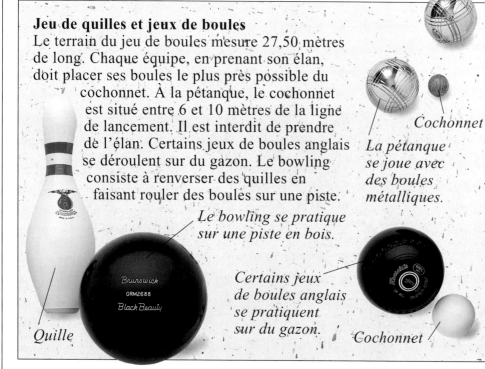

Le premier coup, ou drive, joué sur l'aire de départ, consiste à frapper la balle posée sur un tee.

La balle retombe sur le fairway, la partie tondue du parcours entre l'aire de départ et le green.

Le par est le nombre de coups idéal (de 3 à 5 selon les trous) pour mettre la balle dans le trou.

Il est très important de tenir correctement son club. Pour cela, il est recommandé de mettre un gant (main gauche pour les droitiers).

Les quatre plus grandes compétitions annuelles sont le Masters, qui se déroule à Augusta, aux États-Unis, l'USPGA, aux États-Unis, le British Open et l'US Open.

Grands golfeurs

Voici quelques-uns des grands joueurs qui ont dominé la scène internationale.

Bobby Jones
(États-Unis)

Ben Hogan
(États-Unis)

Jack Nicklaus
(États-Unis)

Severiano Ballesteros
(Espagne)

Les caddies

Fanny Sunneson est le caddie du champion britannique Nick Faldo : c'est elle qui porte son sac. Les caddies qui accompagnent les joueurs de haut niveau ne font pas que porter les clubs. Connaissant bien les parcours, ils donnent souvent à ceux-ci de bons conseils.

Bois

Fer

Putter

Les clubs

Il existe trois types de clubs de golf : les bois, les fers et les putters. Les bois servent pour les coups de longue distance, les fers pour les coups moyens et les petits coups, ou approches. Le putter doit obligatoirement être utilisé sur le green, pour faire entrer la balle dans le trou. Les joueurs ne doivent jamais avoir plus de 14 clubs dans leur sac.

Snooker

Le snooker est une forme de billard qui se joue sur une table rectangulaire, recouverte d'un tapis de couleur verte et pourvue de 6 trous appelés blouses ou poches. Le joueur qui frappe les boules avec une queue doit faire tomber celles-ci dans les poches.

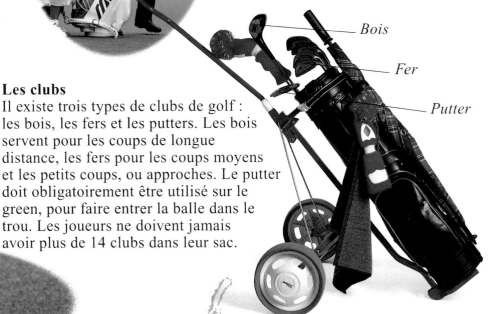

Le joueur doit essayer d'éviter le rough, c'est-à-dire l'espace non entretenu bordant le fairway, les obstacles d'eau et les bunkers remplis de sable.

Le green est le terrain tondu, aménagé autour du trou. Un drapeau marque l'emplacement du trou dans lequel le joueur doit faire entrer la balle à l'aide d'un club appelé putter.

Tennis

Différents sports, comme le tennis, le squash et le tennis de table, consistent à se renvoyer une balle à l'aide d'une raquette. Le tennis est un sport ancien qui se joue en salle ou en plein air, à deux (simple) ou à quatre joueurs (double). Le double mixte oppose deux équipes formées d'un joueur et d'une joueuse. Le terrain, ou court de tennis, est en terre battue, comme à Roland-Garros, en gazon, comme à Wimbledon, en ciment, comme à Flushing Meadow, ou en matière synthétique, comme à Bercy.

Ancienne raquette en bois

Les grands tournois
Quatre grands tournois, dits tournois du Grand Chelem, ont lieu chaque année : les Internationaux de France (Roland-Garros), de Grande-Bretagne (Wimbledon), des États-Unis (Flushing Meadow) et d'Australie.

En remportant 20 titres à Wimbledon, Billie Jean King a battu Elizabeth Ryan (19 titres entre 1914 et 1934). En 1994, Martina Navratilova totalisait 19 titres à Wimbledon.

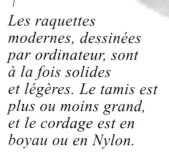

Björn Borg remporta cinq fois de suite Wimbledon (de 1976 à 1980) et six fois Roland-Garros, battant ainsi le record de Fred Perry (entre 1934 et 1936).

Les raquettes modernes, dessinées par ordinateur, sont à la fois solides et légères. Le tamis est plus ou moins grand, et le cordage est en boyau ou en Nylon.

Le classement mondial
Un classement mondial est établi chaque semaine en fonction des résultats des meilleurs joueurs (classement ATP pour les hommes, WITA pour les femmes).

Juge de ligne

Une balle de tennis est faite de caoutchouc recouvert de feutre ou de Nylon.

Un match se déroule en deux ou trois sets gagnants. Un set se gagne en six jeux, avec deux jeux d'avance. Un jeu peut se gagner en quatre points qui se comptent ainsi : « 15 », « 30 », « 40 » (avantage) et jeu.

Les coups de base du tennis sont le coup droit, le revers et le service. Ils peuvent être plats, liftés ou slicés. La volée consiste à frapper la balle avant le rebond.

Différentes surfaces
La terre battue est une surface lente ; le gazon, le ciment et les surfaces synthétiques sont beaucoup plus rapides.

Pelote basque
La pelote basque remonte à l'ancien jeu de paume français. Ce sport consiste à faire rebondir la balle, ou pelote, contre un mur, à main nue ou avec un gant appelé chistera.

Des vitesses vertigineuses
En 1994, à Wimbledon, le service de Goran Ivanisevic a été chronométré à 218,8 km/h.

Au squash, la balle la plus rapide a été frappée à la vitesse de 232 km/h.

Deux joueurs de tennis de table ont réussi à échanger 172 coups en 60 secondes.

Un volant de badminton est très léger. Bien frappé, il peut atteindre la vitesse de 200 km/h.

Tennis de table
À ses débuts, le tennis de table se jouait avec de simples raquettes en bois. Aujourd'hui, les raquettes sont recouvertes de caoutchouc, ce qui permet de donner de l'effet à la balle et rend le jeu beaucoup plus intéressant. Une partie se déroule en deux ou trois sets gagnants. Un set se joue en 21 points, avec un écart minimal de 2 points.

Juges de ligne

Arbitre

Juge de filet

Juge de ligne

Ligne de côté (simple)

Receveur

Ligne de fond

Ligne médiane

Carré de service

Filet

Serveur

Ramasseur de balles

Ligne de côté (double)

Basket-ball

Le handball, le volley-ball et le basket-ball sont des sports d'équipe qui se jouent avec un ballon, en plein air ou en salle. Le basket-ball, créé aux États-Unis, est l'un des sports les plus pratiqués dans le monde. Deux équipes de cinq joueurs essaient de lancer le ballon dans le panier du camp adverse. Les joueurs n'ont pas le droit de courir avec le ballon, ni de frapper celui-ci avec le pied. Le ballon peut être passé, lancé, roulé. On peut aussi dribbler en le faisant rebondir par terre d'une seule main. Les joueurs de basket-ball doivent donc être très adroits, très rapides… et, si possible, très grands !

La partie se joue en deux mi-temps de 20 minutes. Elle est remportée par l'équipe qui marque le plus grand nombre de points. Les paniers valent 1, 2 ou 3 points selon l'endroit d'où ils sont tirés.

Des magiciens
L'équipe des Harlem Globetrotters, une équipe de basketteurs noirs américains, est célèbre dans le monde entier. Créée en 1927, cette équipe s'est peu à peu transformée en troupe de music-hall.

Chaussures de star
Michael Jordan, l'un des plus célèbres basketteurs du monde, a conçu lui-même ses chaussures, lesquelles ont été fabriquées en série et commercialisées.

Languette maintenant le pied

Renfort cheville

Semelle à coussin d'air

Michael Jordan

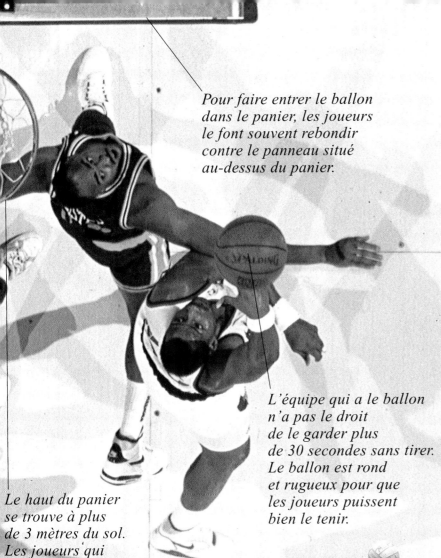

Pour faire entrer le ballon dans le panier, les joueurs le font souvent rebondir contre le panneau situé au-dessus du panier.

L'équipe qui a le ballon n'a pas le droit de le garder plus de 30 secondes sans tirer. Le ballon est rond et rugueux pour que les joueurs puissent bien le tenir.

Le haut du panier se trouve à plus de 3 mètres du sol. Les joueurs qui mesurent souvent plus de 2 mètres réussissent à plaquer le ballon dans le panier (smash ou dunk).

Le terrain de basket-ball mesure 28 mètres de long sur 15 mètres de large. C'est une surface dure, généralement en bois, pour que le ballon puisse bien rebondir.

Handball

Le handball tient à la fois du football et du basket-ball. La partie se dispute entre deux équipes de sept joueurs, en deux mi-temps de 30 minutes, et consiste à marquer le maximum de buts. Un joueur ne peut pas garder le ballon plus de 3 secondes, ni faire plus de trois pas avec le ballon.

Volley-ball

Un match de volley-ball se joue entre deux équipes de six joueurs, en deux ou trois sets gagnants de 15 points chacun, avec un écart minimal de 2 points. Le but est d'empêcher le ballon de toucher le sol. Seule l'équipe au service peut marquer un point. Les joueurs se renvoient le ballon avec les mains, au-dessus d'un filet tendu horizontalement à une hauteur de 2,43 mètres (2,24 mètres pour les femmes). Le Beach Volley (ou volley de plage) se joue à quatre, six ou huit.

Dribble et tir

Un joueur n'a pas le droit de marcher en portant le ballon. Il doit dribbler, c'est-à-dire faire rebondir le ballon au sol en marchant.

Le joueur essaie de contourner l'adversaire en dribblant.

Il saute pour envoyer le ballon dans le panier.

23

Football

Le football est l'un des sports d'équipe les plus populaires. Un match oppose deux équipes de onze joueurs qui essaient d'envoyer le ballon dans le but du camp adverse. Seul le gardien de but a le droit de toucher la balle avec les mains. Un match se joue en deux mi-temps de 45 minutes chacune, avec un arrêt de 15 minutes entre les deux. La rencontre est dirigée par un arbitre assisté par deux juges de touche. Le football est régi par une puissante organisation, la F.I.F.A (Fédération internationale du football association).

Le capitaine d'équipe se reconnaît au brassard qu'il porte au bras.

De jeunes supporters
Le football est un sport d'équipe auquel les enfants peuvent s'initier très jeunes. Les plus passionnés portent souvent des maillots aux couleurs de leur équipe favorite.

Les onze joueurs de chaque équipe peuvent être facilement identifiés grâce au numéro qu'ils portent dans le dos.

Un stade géant
Le stade de Maracanã, qui se trouve à Rio de Janeiro, au Brésil, est le plus grand stade de football du monde. Il peut accueillir jusqu'à 165 000 spectateurs.

Les ballons utilisés dans les compétitions de haut niveau sont composés d'une vessie en caoutchouc recouverte d'une enveloppe en cu...

Sur le terrain
Un terrain de football mesure de 90 à 120 mètres de long sur 45 à 90 mètres de large.

Le gardien de but envoie le ballon à un joueur.

Ce joueur court, balle au pied.

Ligne de but

La Coupe du monde

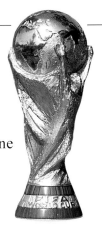

La Coupe du monde, qui a été disputée pour la première fois à Montevideo, en Uruguay, en 1930, a lieu tous les quatre ans. Elle a été remportée trois fois par le Brésil, deux fois par l'Argentine et l'ex-R.F.A. Organisée aux États-Unis en 1994, elle fut remportée par le Brésil.

Les grands noms du football

Le plus connu des joueurs français est Michel Platini. Parmi les joueurs étrangers, en voici onze très célèbres.

Gordon Banks
Angleterre

Franco Baresi
Italie

Franz Beckenbauer
Allemagne

George Best
Irlande du Nord

Bobby Charlton
Angleterre

Johan Cruyff
Pays-Bas

Eusebio
Portugal

Diego Maradona
Argentine

Bobby Moore
Angleterre

Pelé
Brésil

Frank Rijkaard
Pays-Bas

Une équipe de football se compose de onze joueurs : un gardien de but, généralement quatre arrières, trois ou quatre milieux de terrain et deux ou trois attaquants.

Les joueurs ont des protège-tibias et des chaussures à crampons très légères. Les joueurs d'une même équipe portent tous un maillot et un short de la même couleur.

Au football, il est interdit de donner des coups de pied, de faire des crocs-en-jambe ou des tacles par derrière, de toucher le ballon avec la main, de tenir l'adversaire par le bras ou le maillot ...

Point de corner

L'équipe victorieuse est celle qui a marqué le plus de buts.

Juge de touche

L'arbitre sanctionne les fautes commises par les joueurs.

Les attaquants doivent déjouer la défense et faire progresser le ballon vers le but adverse.

Gardien de but

Rugby
et football américain

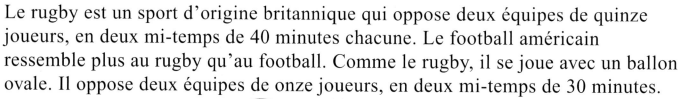

Le rugby est un sport d'origine britannique qui oppose deux équipes de quinze joueurs, en deux mi-temps de 40 minutes chacune. Le football américain ressemble plus au rugby qu'au football. Comme le rugby, il se joue avec un ballon ovale. Il oppose deux équipes de onze joueurs, en deux mi-temps de 30 minutes.

Les joueurs de football américain portent un casque en plastique bien rembourré et une sorte de grille qui leur protège le visage.

Les joueurs peuvent se passer le ballon dans n'importe quel sens, alors qu'au rugby la passe ne peut se faire qu'en arrière.

Le football américain se joue avec un petit ballon ovale dont les extrémités sont pointues.

Sous son maillot, ce joueur porte un plastron, des épaulières et un protège-côtes.

Chaque année, aux États-Unis, les meilleures équipes de football américain se rencontrent dans les Bowls. La finale, ou Super Bowl, qui oppose les deux meilleures équipes, est très suivie.

Équipement de choc
Le football américain est un sport violent. Les joueurs portent un équipement spécial qui leur protège la tête et les articulations.

Les joueurs portent une ceinture de maintien, des cuissards et des genouillères.

Sur le terrain
Le terrain est divisé en bandes de 4,50 mètres. Le but du jeu est de faire progresser le ballon vers la ligne de but adverse. Les points sont marqués en franchissant la ligne de but adverse, en envoyant le ballon par-dessus la barre du but ou en refoulant le porteur du ballon dans sa zone de but.

Disposition des joueurs

Une équipe de rugby
se compose de quinze
joueurs : huit avants,
deux demis (de mêlée et
d'ouverture), quatre trois-
quarts (deux centres et
deux ailiers) et un arrière.

Pour marquer un essai,
le joueur doit aplatir
le ballon au sol
derrière la ligne
de but adverse.

Les joueurs portent
souvent un bandeau
sur la tête et un
protège-dents.

Le ballon
est ovale et
arrondi aux
extrémités.

Football australien
Le football australien
oppose deux équipes de
dix-huit joueurs. Il se joue
avec un ballon ovale, sur
un terrain de forme ovale,
comportant deux poteaux
verticaux à chaque
extrémité. Les joueurs ont
le droit de courir avec le
ballon, à condition que
celui-ci touche le sol au
moins une fois tous les
10 mètres.

Compétitions
Les principales compétitions
sont le tournoi des Cinq
Nations (Angleterre, Écosse,
Irlande, pays de Galles et
France) et la Coupe du
monde de rugby.

Disposition
des joueurs

Les joueurs de rugby
portent des chaussures
en cuir à crampons.

Le quarterback
attend le ballon.

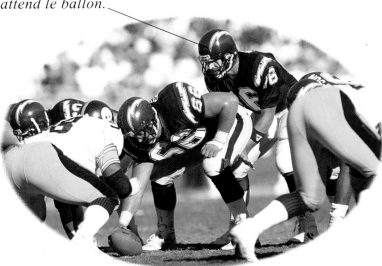

L'engagement au football américain
Les joueurs des deux équipes se mettent face à face.
L'équipe qui a le ballon le passe à son quarterback,
qui l'envoie au joueur de son choix.

Mêlée de rugby
La mêlée est une remise en jeu
sur le terrain. Les avants
de chaque équipe s'accrochent
les uns aux autres et poussent
pour essayer de récupérer avec
le pied le ballon lancé par
le demi de mêlée entre les deux
équipes.

Le demi de mêlée
espère récupérer
le ballon.

Base-ball

Un certain nombre de sports relativement anciens, comme le base-ball, le cricket, le softball et le rounders, consistent à frapper une balle avec un sorte de bâton appelé batte. Le base-ball est très répandu aux États-Unis. Il oppose deux équipes de neuf joueurs qui entrent chacun à leur tour sur le terrain et courent de base en base. Le cricket est un sport d'origine anglaise ; le but du jeu est de renverser le guichet de l'équipe adverse.

À la mode
Alors que les batteurs portent un casque, les autres joueurs n'ont qu'une simple casquette en toile. Ces casquettes aux couleurs des différentes équipes de base-ball sont très à la mode aux États-Unis, chez les jeunes comme chez les adultes.

Casque de batteur

Casquette de joueur de champ

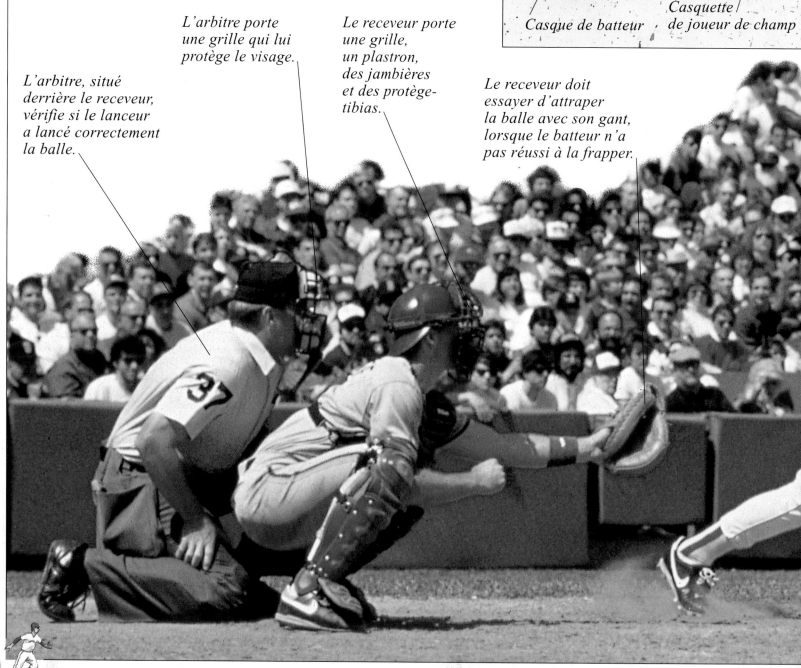

L'arbitre porte une grille qui lui protège le visage.

Le receveur porte une grille, un plastron, des jambières et des protège-tibias.

L'arbitre, situé derrière le receveur, vérifie si le lanceur a lancé correctement la balle.

Le receveur doit essayer d'attraper la balle avec son gant, lorsque le batteur n'a pas réussi à la frapper.

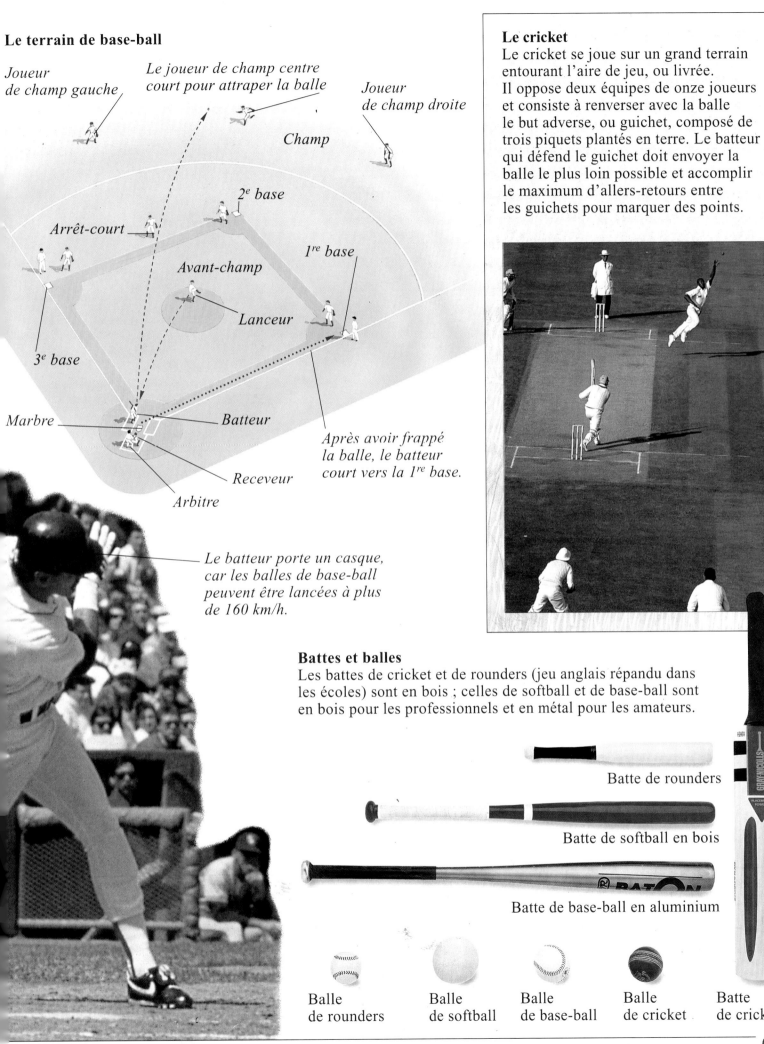

Le terrain de base-ball

Joueur de champ gauche

Le joueur de champ centre court pour attraper la balle

Joueur de champ droite

Champ

2ᵉ base

Arrêt-court

1ʳᵉ base

Avant-champ

Lanceur

3ᵉ base

Marbre

Batteur

Après avoir frappé la balle, le batteur court vers la 1ʳᵉ base.

Receveur

Arbitre

Le batteur porte un casque, car les balles de base-ball peuvent être lancées à plus de 160 km/h.

Le cricket

Le cricket se joue sur un grand terrain entourant l'aire de jeu, ou livrée. Il oppose deux équipes de onze joueurs et consiste à renverser avec la balle le but adverse, ou guichet, composé de trois piquets plantés en terre. Le batteur qui défend le guichet doit envoyer la balle le plus loin possible et accomplir le maximum d'allers-retours entre les guichets pour marquer des points.

Battes et balles

Les battes de cricket et de rounders (jeu anglais répandu dans les écoles) sont en bois ; celles de softball et de base-ball sont en bois pour les professionnels et en métal pour les amateurs.

Batte de rounders

Batte de softball en bois

Batte de base-ball en aluminium

Balle de rounders

Balle de softball

Balle de base-ball

Balle de cricket

Batte de cricket

Hockey sur glace

Comme le football, le hockey sur glace consiste à marquer des points en envoyant un objet dans le but adverse. Cet objet n'est pas une balle, mais un disque en caoutchouc, ou palet, dans lequel les joueurs frappent avec une sorte de bâton appelé crosse. Le hockey sur glace est un sport spectaculaire, parfois violent, car les joueurs patinent à toute vitesse sur la glace et entrent souvent en collision les uns avec les autres. Le hockey sur gazon et le hockey sur roulettes sont deux variantes tout aussi passionnantes, qui exigent adresse et rapidité.

Un poste dangereux
Le gardien de but doit être bien protégé pour arrêter le palet, qui peut atteindre 190 km/h. Il porte un plastron, des coudières, des épaulières, des jambières, des gants et un casque pourvu d'une grille qui lui protège le visage.

Remise en état
Un match de hockey sur glace se joue en trois périodes de 20 minutes. La glace s'abîmant très rapidement, entre chaque période une machine spéciale passe sur toute la surface de la patinoire pour la remettre en état.

La patinoire
La patinoire, entourée de planches de plus d'un mètre de haut, est coupée par trois bandes, deux bandes bleues et une bande rouge, délimitant les zones d'attaque et de défense de chaque équipe.

Une équipe est composée de six joueurs.

Le but n'est pas très grand. Il mesure 1,22 mètre de haut sur 1,83 mètre de large.

Hockey sur gazon

Le hockey sur gazon se pratique sur une grande pelouse et oppose deux équipes de onze joueurs chacune. Ceux-ci doivent envoyer une balle de cuir dans le but adverse en la frappant avec une crosse en bois.

Les joueurs utilisent des patins à roulettes classiques ou bien des patins de course dont les quatre roues sont placées les unes derrière les autres.

Hockey sur roulettes

Chaque équipe est formée de cinq joueurs qui sont chaussés de patins à roulettes et doivent faire pénétrer la balle dans le but adverse en deux mi-temps de 25 minutes.

Dans une partie, les remplacements sont illimités. Les nouveaux joueurs rentrent sur la glace pendant que le jeu continue.

Des règles sévères

Lorsqu'un joueur commet une faute, il est sanctionné par l'arbitre. Il est alors exclu, sans être remplacé, et vient s'asseoir sur le banc des pénalités, ou prison. Une pénalité dure de 2 à 10 minutes.

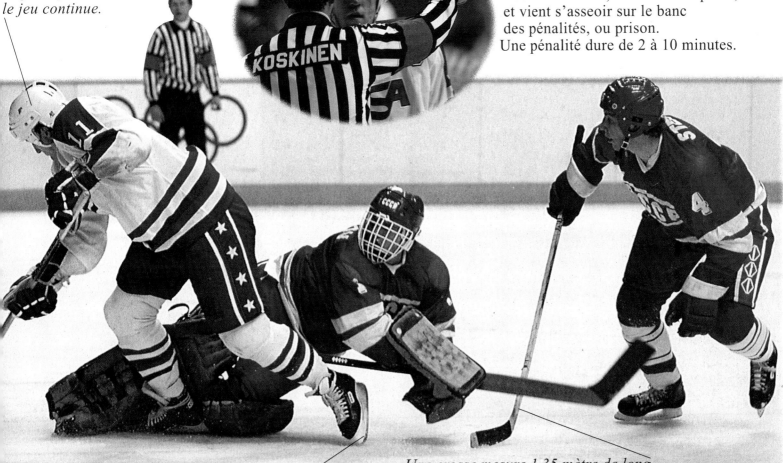

La lame des patins de hockey sur glace est plus courte que celle des patins de figures. Les patins sont ainsi plus stables et permettent des virages plus faciles.

Une crosse mesure 1,35 mètre de long. Les joueurs n'ont pas le droit de la lever plus haut que l'épaule. Ils peuvent frapper la glace derrière le palet (tir frappé) ou bien la balayer avant de frapper le palet (tir balayé).

Patinage artistique

Le patinage artistique, sport olympique depuis 1908, regroupe le patinage individuel, le patinage par couple et la danse sur glace. C'est un sport très spectaculaire, car les patineurs enchaînent sur la glace, avec une aisance et une grâce remarquables, des figures extrêmement complexes et dangereuses. Le patinage individuel comporte différentes épreuves : les figures imposées, le programme court et le patinage libre. Ces épreuves sont notées de 0 à 6 par un jury. Le patinage de vitesse qui consiste à aller le plus vite possible est également très spectaculaire, lès patineurs volant littéralement sur la glace à près de 50 km/h.

Les patineurs exécutent sur la glace toutes sortes de sauts, de pirouettes et de rotations, en patinant souvent très vite.

Le patinage artistique nécessite un entraînement physique intense, un excellent sens de l'équilibre et une grande souplesse.

Patinage de vitesse
Le patinage de vitesse se dispute sur 500, 1 000, 1 500, 5 000 et 10 000 mètres pour les hommes, et sur 500, 1 000, 1 500, 3 000 et 5 000 mètres pour les femmes. Les concurrents, revêtus d'une combinaison moulante, courent deux par deux, contre la montre, le buste penché en avant, les bras derrière le dos ou servant de balancier dans les virages.

La cheville est bien maintenue.

Les bottines se lacent jusqu'en haut de la cheville pour que le pied soit bien maintenu.

Les patins de figures
La lame des patins de figures est courte et épaisse. Elle comporte deux parties tranchantes, ou carres, séparées par un creux et se termine par des dents de scie ou par une pointe.

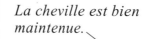

Les épreuves

Le patinage artistique comporte une épreuve individuelle, une épreuve par couple et une épreuve de danse. Dans chacune de ces épreuves, les patineurs doivent exécuter un certain nombre de figures imposées et de figures libres appelées axel, lutz, boucle, flip et salchow.

Patinage individuel

Patinage par couple

Danse sur glace

Dans les épreuves de danse sur glace, les patineurs qui portent souvent des costumes somptueux dansent sur un accompagnement musical.

Le double salchow

Le salchow, du nom de Ulrich Salchow qui remporta la première médaille d'or du patinage artistique en 1908, est un saut de carre qui peut être simple, double ou triple. Ici le patineur exécute un double salchow : il effectue une double rotation en l'air.

Les marques gravées dans la glace par les patins montrent combien les figures exécutées par les patineurs sont complexes.

La perfection

Les différentes épreuves de patinage artistique sont notées de 0 à 6. Aux jeux Olympiques de 1984, Jayne Torvill et Christopher Dean obtinrent, dans l'épreuve de danse sur glace, neuf fois la note 6. En 1991, les Français Isabelle et Paul Duchesnay remportèrent les championnats du monde de danse sur glace.

6.06.06.06.06.06.06.06.0

Ski

Utilisé autrefois pour se déplacer sur la neige, le ski a connu un essor prodigieux avec le développement des sports d'hiver et la création des jeux Olympiques d'hiver en 1924. Aujourd'hui, les grands champions dévalent les pentes à une vitesse vertigineuse, dépassant souvent les 100 km/h. Parallèlement au ski de descente, le ski de fond s'est considérablement développé, tout comme le bobsleigh, la luge, le saut à skis et le ski artistique.

Dans les épreuves de descente, les skieurs portent un casque, car ils dépassent souvent la vitesse de 100 km/h.

Les bâtons aident les skieurs à tourner et à garder leur équilibre. Les bâtons utilisés dans la descente sont arrondis pour mieux épouser la forme du corps.

Les chaussures de ski ont beaucoup évolué. Autrefois en cuir et à lacets, elles sont aujourd'hui en plastique moulé.

Surf
Une planche de surf est beaucoup plus large qu'un ski normal et s'utilise sans bâtons. Les skieurs, qui sont face à la pente, exécutent des figures spectaculaires, à l'image des surfeurs surfant sur les vagues.

Du ski de descente au biathlon
Il existe différentes manières de pratiquer le ski en compétition.

Les skieurs slaloment entre les piquets.

Le slalom géant combine la descente et le slalom.

Descente   Slalom   Slalom géant   Saut à skis

Saut à skis

Le saut à skis, réservé aux hommes, est très spectaculaire. Les skieurs s'élancent d'un tremplin de 70 ou 90 mètres de haut et sautent parfois à plus de 100 mètres. Un jury note la longueur et le style du saut.

Pour offrir le moins de résistance possible à l'air et gagner de la vitesse, les skieurs portent une combinaison moulante.

Les skieurs graissent leurs skis avec du fart pour qu'ils glissent mieux sur la neige.

Bobsleigh et luge

Le bobsleigh est un traîneau à deux ou quatre places. Les deux patins à l'avant sont dirigés par un volant ; les deux patins à l'arrière servent à freiner. Une luge n'a ni volant ni freins. Tous deux se pratiquent sur une piste glacée, avec de forts virages.

Luge

Bobsleigh à deux

Skis et chaussures

Le matériel de ski de fond est beaucoup plus léger que celui utilisé pour le ski de descente.

Skis de descente

Skis de fond

L'avant de la chaussure est maintenu sur le ski par une seule fixation.

Le ski de fond se pratique sur des terrains peu pentus.

Le ski artistique englobe le ski de ballet, le ski dans des champs de bosses, ou hot-dog, et l'aerial, exécuté à partir d'un tremplin.

Le biathlon combine une épreuve de ski de fond et une épreuve de tir au fusil.

Les fixations de sécurité maintiennent les pieds sur les skis. En cas de chute, elles s'ouvrent et libèrent le pied automatiquement.

Chaussures de descente

Chaussures de ski de fond

Ski de fond

Ski artistique

Biathlon

Équitation

L'équitation est l'art de monter à cheval. Discipline olympique depuis 1900, ce sport de loisir et de compétition s'est beaucoup développé. Les principales disciplines sont le saut d'obstacles, ou jumping, le dressage, le parcours de fond, l'endurance, la voltige et le polo. Le concours complet qui se dispute sur trois jours, avec une épreuve de dressage, un parcours de fond et une épreuve de sauts d'obstacles, est certainement la discipline équestre la plus spectaculaire et la plus éprouvante.

Haut-de-forme (dressage)

Toque (endurance)

Bombe (saut d'obstacles)

Les cavaliers doivent franchir des obstacles qui peuvent mesurer jusqu'à 1,20 mètre de haut.

Culotte blanche

Polo
Le polo se joue sur une grande pelouse et oppose deux équipes de quatre cavaliers montant des poneys spécialement dressés. Un match de polo se joue en quatre, six ou huit périodes de 7 minutes 1/2. Les joueurs essaient d'envoyer dans le but adverse une petite balle en bois qu'ils frappent avec un long maillet.

Le cavalier a une pénalité à chaque fois que son cheval renverse un obstacle ou refuse de sauter.

Barrière   *Oxer*   *Rivière*   *Mur*

Parcours d'obstacles

Un parcours d'obstacles comporte des obstacles droits (mur, barrière...) et des obstacles larges (oxer, spa...).

Le cavalier se penche bien en avant pour ne pas gêner le cheval lorsqu'il franchit l'obstacle.

Les rênes sont fixées sur le mors. Le cavalier tire sur l'une ou l'autre des rênes pour faire tourner sa monture à droite ou à gauche.

Veste rouge

Le mors est une barre en métal que l'on introduit dans la bouche du cheval.

Le même cheval dispute les trois épreuves du concours complet.

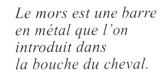

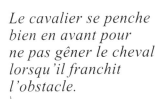

Dressage

Le dressage est la première épreuve du concours complet. Le cavalier doit montrer que son cheval lui obéit parfaitement en exécutant des figures de plus en plus compliquées telles que le piaffer, l'appuyer, la croupade ou la courbette.

Parcours de fond

L'épreuve de fond, la seconde épreuve du concours complet, est généralement très éprouvante et dangereuse : les cavaliers effectuent un parcours de 25 kilomètres sur un terrain accidenté, jalonné d'obstacles. Cette épreuve comporte un steeple-chase, deux routiers (parcours sur chemins et sentiers) et un cross.

Cyclisme

De la simple promenade au parcours de cross en montagne, les possibilités d'utilisation de la bicyclette sont innombrables. Les compétitions de cyclisme regroupent essentiellement deux types d'épreuves : les épreuves sur route et les épreuves sur piste. Les épreuves sur route comportent les courses en ligne, les courses par étapes et les courses contre la montre. Les épreuves sur piste comportent notamment des épreuves de vitesse, de poursuite et de demi-fond.

Triathlon

Le triathlon comporte une épreuve de natation, une course cycliste sur route et une course à pied. Dans l'Ironman d'Hawaii, le triathlon le plus prestigieux, les concurrents doivent pédaler sur 180 kilomètres. Les guidons de leurs vélos sont munis de deux supports sur lesquels ils peuvent reposer leurs bras.

Courses sur piste

Les courses se disputent sur une piste ovale, ou vélodrome, dont les bords sont relevés dans les virages.
Les cyclistes qui utilisent des vélos spéciaux, sans freins ni changement de vitesses, atteignent des vitesses impressionnantes, de l'ordre de 70 à 80 km/h.

Le casque est obligatoire, mais certains cyclistes n'en mettent pas, par crainte d'avoir trop chaud.

Vélo tout terrain

Les vélos tout terrain, ou V.T.T., sont des engins robustes, équipés de pneus crantés, de freins à tambours puissants et de nombreuses vitesses. Ces vélos sont conçus pour rouler sur tous les types de terrain, même très accidentés ou très pentus. Les épreuves de V.T.T. sont généralement très éprouvantes, à la fois pour les vélos et pour les coureurs.

Les cyclistes portent un maillot et un cuissard moulants, offrant le moins de résistance possible à l'air.

Courses par étapes

Les principales courses par étapes sont le Tour de France, le Tour d'Italie (Giro) et le Tour d'Espagne (Vuelta). Le Tour de France, qui rassemble chaque année des centaines de concurrents, se dispute sur plus de 3 000 kilomètres. Jacques Anquetil, Eddy Merckx et Bernard Hinault l'ont remporté chacun cinq fois. À la fin de chaque étape, trois maillots de couleur sont attribués en fonction des résultats de la journée.

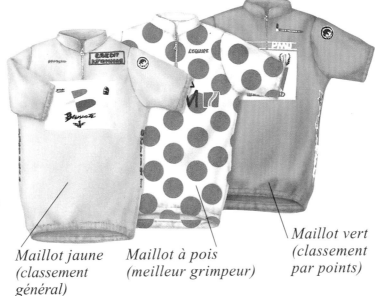

Maillot jaune (classement général)

Maillot à pois (meilleur grimpeur)

Maillot vert (classement par points)

Ravitaillement

Pour ne pas s'arrêter et perdre de temps, les cyclistes se restaurent et boivent en pédalant. Les réparations simples sont effectuées par des mécaniciens se trouvant à bord des voitures qui roulent à côté des cyclistes.

Le cyclisme est bien sûr un sport individuel, mais c'est aussi un sport d'équipe. Les coureurs d'une même équipe courent pour une marque dont le nom est inscrit sur leur maillot. Dans les courses classiques (Paris-Roubaix, la Flèche wallonne, Liège-Bastogne-Liège...), les cyclistes courent pour leur propre compte.

Les cyclistes portent des chaussures spéciales, à la fois souples, légères et résistantes, qui s'encastrent dans les pédales.

Types de vélos

Les roues, le cadre, la selle et le guidon des bicyclettes ont des formes différentes selon l'utilisation qui en est faite.

Vélo tout terrain (V.T.T.)

Course sur route

Course contre la montre

Course sur piste

Auto, moto…

Le sport automobile est certainement l'un des sports les plus fascinants, mais aussi les plus dangereux. Les voitures qui vrombissent sur la piste atteignent aujourd'hui des vitesses vertigineuses, dépassant souvent les 300 km/h. Il existe deux grands types de compétitions : les courses sur circuits et les rallyes. Le championnat du monde des conducteurs de formule 1 se dispute chaque année sur une quinzaine de Grands Prix. Fangio, Prost, Senna, Lauda et Mansell sont quelques-uns des grands pilotes dont le nom est célèbre dans le monde entier.

Les rallyes
Les rallyes, dont le plus célèbre est le rallye de Monte-Carlo, se disputent sur route, avec des voitures de tourisme. La puissance du moteur est limitée à 300 CV. Le pilote est assisté d'un copilote qui lui indique la route à suivre.

Les réparations et les ravitaillements sont effectués le plus rapidement possible par les mécaniciens qui se trouvent dans les stands.

Les pilotes portent un casque équipé d'un microphone qui leur permet de contacter à tout moment les mécaniciens du stand.

Il faut moins de 8 secondes pour changer les quatre pneus d'une formule 1. Pendant ce temps, le pilote reste dans son baquet.

À grande vitesse, la pression de l'air sur les ailerons situés à l'avant et à l'arrière maintient la voiture au sol (effet de sol).

Dragsters
Les dragsters sont des voitures de course qui doivent parcourir le plus rapidement possible une distance très courte, départ arrêté.

La voiture roule sur une piste mesurant au maximum 400 mètres de long.

Motocyclisme

Le motocyclisme est un sport spectaculaire. Dans les virages, les motos penchent tellement que les genoux des pilotes frôlent le sol. Il existe différents types d'épreuves : les courses de vitesse sur circuits, les courses sur route ou de longue durée (Bol d'or), les rallyes (Paris-Dakar), l'enduro (Le Touquet), le trial...

Courses de vitesse

Le speedway se pratique sur une piste ovale assez courte, recouverte de sable ou de terre. Quatre ou six pilotes tournent sur la piste, sur des motos de 500 cm^3, sans boîte de vitesses ni freins. Ils abordent les virages à plus de 110 km/h, en dérapage contrôlé.

Les mécaniciens qui font le plein des voitures portent des cagoules ininflammables.

Les pneus des voitures chauffent énormément pendant les courses. En devenant collants, ils adhèrent mieux à la piste.

Les dragsters atteignent en quelques secondes des vitesses très grandes, jusqu'à 470 km/h.

Courses sur circuits

Ces courses englobent les courses de vitesse (Grands Prix de formule 1) et celles d'endurance (24 heures du Mans). Le Français Alain Prost a été quatre fois champion du monde des pilotes de formule 1, le Brésilien Ayrton Senna trois fois et le Britannique Nigel Mansell une fois.

À l'arrivée, un parachute freine la voiture.

Drapeau d'arrivée

Natation

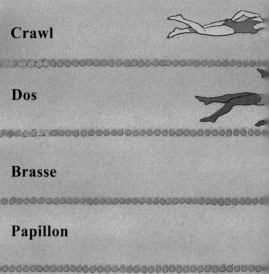

Comme l'athlétisme, la natation est un sport très répandu qui peut se pratiquer à tout âge, mais nécessite un entraînement intensif.

Les compétitions internationales se déroulent dans un bassin comportant huit couloirs et mesurant 50 mètres de long et au moins 21 mètres de large et 1,80 mètre de profondeur. Les principales nages pratiquées sont le crawl, le dos, la brasse et le papillon, les épreuves se disputant sur des distances allant de 50 à 1 500 mètres.

Super-champion
Aux jeux Olympiques de Munich, en 1972, le nageur américain Mark Spitz remporta sept médailles d'or, battant dans chacune des épreuves le record du monde.

Pour ne pas être gênés par leurs cheveux, les nageurs et les nageuses portent des bonnets de bain.

Le papillon, ou brasse papillon, est la deuxième nage la plus rapide après le crawl. Les grands champions parcourent 100 mètres en moins d'une minute.

Water-polo
Le water-polo est un jeu très éprouvant qui se joue en quatre périodes de 7 minutes. Il oppose deux équipes de sept joueurs portant des bonnets bleus ou blancs, les gardiens de but portant un bonnet rouge. Les joueurs doivent essayer d'envoyer le ballon dans le but adverse. Ils n'ont pas le droit de le tenir à deux mains, ni de le frapper, ni de toucher le fond du bassin.

Crawl

Dos

Brasse

Papillon

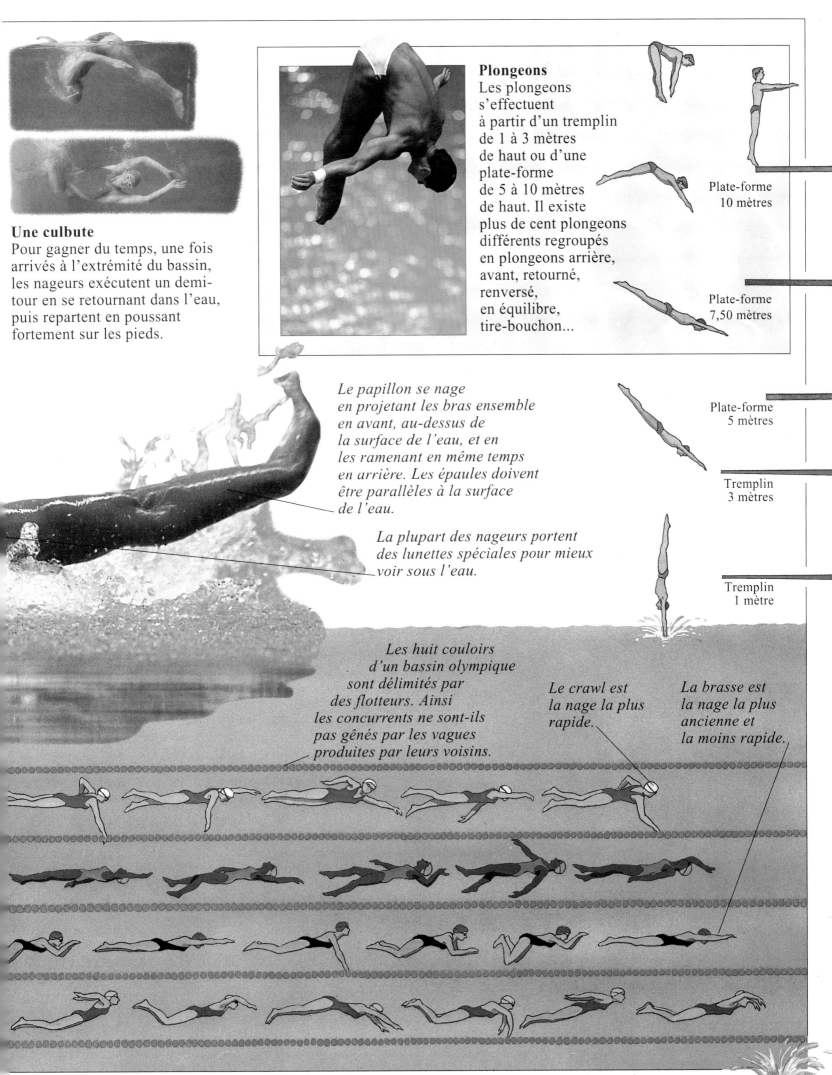

Une culbute

Pour gagner du temps, une fois arrivés à l'extrémité du bassin, les nageurs exécutent un demi-tour en se retournant dans l'eau, puis repartent en poussant fortement sur les pieds.

Plongeons

Les plongeons s'effectuent à partir d'un tremplin de 1 à 3 mètres de haut ou d'une plate-forme de 5 à 10 mètres de haut. Il existe plus de cent plongeons différents regroupés en plongeons arrière, avant, retourné, renversé, en équilibre, tire-bouchon...

Plate-forme 10 mètres

Plate-forme 7,50 mètres

Plate-forme 5 mètres

Tremplin 3 mètres

Tremplin 1 mètre

Le papillon se nage en projetant les bras ensemble en avant, au-dessus de la surface de l'eau, et en les ramenant en même temps en arrière. Les épaules doivent être parallèles à la surface de l'eau.

La plupart des nageurs portent des lunettes spéciales pour mieux voir sous l'eau.

Les huit couloirs d'un bassin olympique sont délimités par des flotteurs. Ainsi les concurrents ne sont-ils pas gênés par les vagues produites par leurs voisins.

Le crawl est la nage la plus rapide.

La brasse est la nage la plus ancienne et la moins rapide.

Aviron

L'aviron, le canoë, le kayak et la voile sont quelques-uns des nombreux sports qui se pratiquent sur l'eau. Tandis que les bateaux à voile utilisent la force du vent, l'aviron, le canoë et le kayak sont propulsés par des rames ou des pagaies. L'aviron se pratique sur des plans d'eau aménagés et comporte différentes épreuves qui se disputent sur 2 000 mètres, dans des couloirs balisés. Selon le type de bateaux, les équipiers utilisent un ou deux avirons.

Un ou deux avirons
Sur les bateaux armés en pointe, les rameurs n'ont qu'un seul aviron. Sur les bateaux armés en couple, ils utilisent chacun deux petits avirons.

La palette est la partie aplatie d'un aviron que le rameur enfonce dans l'eau pour faire avancer le bateau.

Un aviron de pointe mesure près de quatre mètres de long. Plus l'aviron est long, plus la force développée est grande et plus le bateau va vite.

Dans les bateaux sans barreur, le rameur situé à l'avant du bateau actionne le gouvernail placé à l'arrière du bateau en tirant sur des câbles avec ses pieds.

Les bateaux de compétition sont étroits, légers et très rapides. Ils se manœuvrent seul ou bien avec deux ou quatre équipiers, avec ou sans barreur, ou huit équipiers avec un barreur. Les rameurs sont assis sur des sièges coulissants.

Les avirons pivotent sur un support métallique appelé dame de nage.

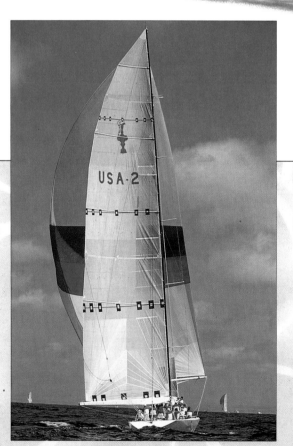

Voile
La taille des bateaux à voile varie selon le type de compétition. Les courses-croisières, comme la Transatlantique en solitaire, remportée deux fois par le Français Éric Tabarly, se disputent en haute mer, tandis que les régates se déroulent près des côtes, sur des parcours délimités par des bouées.

Les grands bateaux qui disputent la coupe de l'America ont souvent plus de 10 équipiers.

Ce dinghy Laser 2 peut être manœuvré par une seule personne. Il peut être transporté sur le toit d'une voiture.

Canoë et kayak

Dans un canoë, les rameurs sont à genoux et utilisent une pagaie simple. Dans un kayak, ils sont assis et utilisent une pagaie double. Les compétitions (course en ligne, descente de rivière et slalom) se disputent avec un, deux ou quatre équipiers.

Canoë

Kayak

Dans les épreuves de slalom, les canoéistes doivent franchir un certain nombre de portes vertes. Lorsque la porte est rouge, ils doivent passer à côté, puis la franchir en pagayant à reculons.

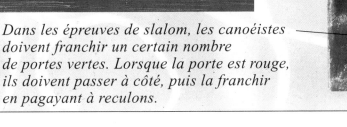

Le rameur situé à l'arrière du bateau est appelé le chef de nage.

Cette mire indique la direction du gouvernail qui est sous l'eau. Lorsque celui-ci se déplace vers la gauche ou vers la droite, le bateau tourne dans la même direction.

La course Oxford-Cambridge

La célèbre course d'aviron opposant les universités d'Oxford et de Cambridge a été créée en 1829. Elle se dispute aujourd'hui à Londres, sur la Tamise, sur un parcours de 6 840 mètres. Chaque équipe est composée de huit rameurs et d'un barreur.

Le barreur dirige le bateau et aide les équipiers à ramer ensemble.

Planche à voile

La mer constitue un espace formidable pour tous les passionnés de planche à voile, de surf ou de ski nautique, qui aiment glisser sur l'eau ou surfer sur les vagues. Introduite en 1984 aux jeux Olympiques de Los Angeles, aux États-Unis, la planche à voile est un sport qui a considérablement évolué au cours des dernières décennies. Une planche à voile se compose d'une planche, ou flotteur, et d'une voile fixée sur un mât.

Compétition monotype
Les concurrents qui disputent la régate olympique sont tous obligés d'avoir le même flotteur et la même voile.

La voile ne se déforme pas grâce aux lattes en plastique insérées dans les goussets.

*Le wishbone enserre le mât et la voile.
Le véliplanchiste tire sur le wishbone pour faire tourner la voile et changer de direction.*

Mât

Différents types de planches
La forme et la longueur des planches à voile varient selon l'utilisation qui en est faite. Plus une planche est courte, moins elle est stable et plus elle est rapide.

Lorsqu'il fait froid, les véliplanchistes portent une combinaison étanche.

Funboard-allaround

Funboard

Planche de slalom

Planche sur mesure

Surf

Le surf, qui est originaire d'Hawaii, consiste à se maintenir en équilibre sur une planche portée par une vague déferlante.

L'une des figures les plus spectaculaires, le tube, consiste à se laisser envelopper par la vague et à surfer à l'intérieur du « tube » ainsi formé.

Les débutants apprennent à surfer sur une petite planche.

Cette planche, conçue pour sauter par-dessus les vagues, est très courte et ultra légère.

Les principales compétitions de planche à voile sont les slaloms autour des bouées, les épreuves de saut et les courses de vitesse pratiquées sur de petites planches très étroites, appelées « speed needles ».

L'aileron stabilise la planche dans l'eau.

Slalom

Saut

Vitesse

Ski nautique

Les skieurs, tirés par un bateau à moteur, évoluent sur deux skis ou un ski (monoski). Les principales épreuves sont le slalom, qui consiste à contourner six bouées en monoski, les figures et le saut effectué à partir d'un tremplin.

Les sportifs du livre

Amuse-toi à retrouver les athlètes et les équipes photographiés dans ce livre.

Index

Remerciements

Photographies : Andy Crawford,
The Colour Company, Kevin Mallet,
Dave Rudkin.

Autres photographies : Philip Gatward,
Dave King, Tim Ridley, Chris Stevens.

Illustrations : Roy Flooks, Garden Studios,
Linden Artists, Alex Pang.

Merci à : John Jaques & Son Limited,
Lillywhites, Norrie Car Model Agency,
Ocean Leisure, Olympus Sport, Leon Paul,
Queens Ice Rink, Scallywags Model Agency,
Jeremy Scoones, Tideway Scullers, Slick
Willies, Soccer Scene.

Crédits photographiques

Action Plus : 16d, 21c, Chris Barry 33hd, Barrie Clarke 38bg, Mike Hewitt 30c, 42bg, Glyn Kirk 7c, 7bg, 19cd, 38hd, Eileen Langsley 12c, Peter Spurrier 44hg, P. Tarry 6bc, 6cd, George Tiederman 40/1c, Chris Van Lennep 47hc ; **Allsport :** 21 hc, 22bd, 43 hc, Bernard Asset 31hc, Chris Barry 33hc, C. Bernhardt 26c, Shaun Botteril 25hc & 4ᵉ de couverture, Howard Boylan 8hg, 27c, 41hg, 41hd, 45bd, Simon Bruty 6cgb, 13cg, 42/3c & 4ᵉ de couverture, David Cannon 19cg, Tony Duffy 9hg, 20bc, Stephen Dunn 18cd, Yann Guichaova 9hd, 12cg, 30hd, Mike Hewitt 23hd, Christian Le Bozec 46hd, Ken Levine 22cg, 23c, Caryn Levy 3c & 20/1c, Bob Martin 1c & 37bd, 33 bd, Richard Martin 14/5c, 32/3c, 33hg, Gary Mortimore 7hd, 17hd, Stephen Munday 19hcd, 19 hd, Adrian Murrell 29cd, Jon Nicholson 47c, Mike Powell 6c, 8cd, 30/1bc, 44bg, Ben Radford 24/5c, Pascal Rondeau 32 cd & 1ᵉ de couverture, 35cd, Richard Saker 13hd, Ian Tomlinson 35c, 35hd ; Anton Want 33hd ; **Colorsport :** 6/7c, Biancotto 47cg, Valerie Desheulles 46/7c, Desheules/Montiel 47cd, Bryan Yablonsky 28/9c ; **Mary Evans :** 4cg, 10hg ; **Guilford Spectrum :** 32 hd ; **Hulton :** 8cg, 8bg, 15cdb, 16hg, 19hg, 19hcg, 20cgss, 20c ; **Image Bank :** Giuliano Colliva 24cg, Paolo Curto 42hd, Tom King 7hc ; **Grafton M. Smith :** pages de garde ; **Bob Langrish :** 36cd, 36/7c & 1ᵉ de couverture, 37hd ; **Popperfoto :** 42 hg ; **Mark Shearman :** 10/11c ; **Sporting Pictures :** Giuseppina Cirulli 4cgss, 8bd, 6hg, 7bd, 9ch & 1ᵉ de couverture, 9cd, 11hg, 14cg, 20cgb, 22/3hc, 27hd, 27bg, 27bd, 31c, 34cg & 1ᵉ de couverture, 35hg, 38/9c, 39c, 41c, 41bd.

(h : **en haut** – b : **en bas** – c : **au centre** – g : **à gauche**
d : **à droite** – ss : **au-dessus**.)